שָׁלוֹם וּבְרָכָה
PRIMER EXPRESS

Pearl Tarnor
Carol Levy

Activities:
Roberta Osser Baum
Nina Woldin

BEHRMAN HOUSE, INC.
www.behrmanhouse.com

The publisher gratefully acknowledges the cooperation
of the following sources of photographs for this book:

Kathy Bloomfield 30; Creative Image Photography 95; Gila Gevirtz 12, 17, 26, 37, 46, 53, 59, 69, 73, 80, 84, 91
Israel Ministry of Tourism 88; Israeli Scouts 34; Terry Kaye 9, 56, 76; Richard Lobell 43; NASA 40;
Hara Person 62; Sheila Plotkin 21; Ginny Twersky 66; Mark Walters 49

Book and Cover Design: Stacey May
Artists: Joni Levy Liberman (Chapter Openers); Deborah Zemke (Character and Activity Art)
Project Manager: Terry S. Kaye

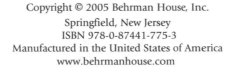

TABLE OF CONTENTS

1

שַׁבָּת

SHABBAT

NEW LETTERS

שׁ תּ ת בּ

NEW VOWELS

ָ ַ

שַׁבָּת

BET

ָ ַ

1 בַּ בַּ בַּ בַּ בַּ בַּ

2 בָּ בָּ בָּ בָּ בָּ בָּ

3 בּ בַּ בּ בָּ בַּ בּ

4 בַּבַּ בַּבָּ בָּבּ בַּבּ בַּבָּ בָּבַּ

Search and Circle

Read aloud the sound each letter makes.

Circle the one sound that is different.

בּ בּ בּ בַּ בּ בּ 1

בָּ בָּ בּ בָּ בָּ בָּ 2

בּ בַּ בּ בּ בּ בּ 3

בַּ בַּ בַּ בּ בַּ בַּ 4

Sounds Like

Read each line aloud.

Circle the Hebrew sounds on each line that are the same.

בַּ בּ בָּ 1

בּ בַּ בּ 2

בּ בָּ בָּ 3

בָּ בָּ בּ 4

בּ בַּ בּ 5

בָּ בּ בַּ 6

תּ ת

שַׁבָּת

TAV

תַ תָּ תַּ תָ תַּ תַּ 1

תָּ תָ תּ תָּ תַ ת 2

Be Alert!

The letters ת and תּ make the same sound.

What sound do they make?

How do they look different?

Search and Circle

Read aloud the sound each letter makes.

One letter on each line makes a different sound.

Say the name of the letter that sounds different and circle it. What sound does it make?

What sound do the other letters on the line make? What is the name of these letters?

1 בּ בּ תּ בּ בּ בּ

2 תּ תּ תּ תּ בּ תּ

3 תּ בּ בּ בּ בּ בּ

4 ת ת ת בּ ת ת

5 תּ תּ תּ תּ תּ בּ

6 בּ תּ בּ בּ בּ בּ

שַׁבָּת
SHIN

1 שַׁ שָׁ שׁ שַׁ שָׁ שָׁ

2 שַׁ שָׁ שָׁ שַׁ שׁ שַׁ

3 שַׁשָׁ שָׁשָׁ שָׁשַׁ שָׁשׁ

Now Read & Read Again

1 בָּ בַּ בּ בַּ בָּ בּ

2 תָּ תַּ תּ תָּ תַּ ת

3 שַׁשׁ שַׁבּ שָׁת שָׁשׁ שָׁבַּ שָׁתָּ

4 בַּשׁ תָּשׁ בַּת שַׁתּ בָּשָׁ בַּת

5 שַׁבַּשׁ תָּשַׁבּ תַּבָּשׁ תַּבַּת בַּשָׁת

6 שַׁבַּבּ בַּתָּבּ תָּתַּבּ בַּבָּת תַּבַּת

7 תַּבָּת שַׁבַּתָּ בַּשָׁת בַּשָׁשׁ בַּבָּת

8 שַׁבָּת שַׁבָּת שַׁבָּת שַׁבָּת

Heritage Word

Can you find this Hebrew word above? Read and circle it .

Shabbat שַׁבָּת

Challenge

God created the world in six days. On the seventh day God rested. Which line contains the name of that special day? 8

Search and Circle

Read aloud the Hebrew sounds on each line.

Circle the Hebrew that sounds the same as the English in the box.

שַׁ	בּ	ת	תַּ	(בַּ)	שׁ	BAH	1
בּ	תּ	תָּ	שָׁ	שׁ	בָּ	TAH	2
בּ	שָׁ	בָּ	תַּ	שׁ	בַּ	B	3
בַּ	בּ	תַּ	שָׁ	שׁ	תּ	SHAH	4
שׁ	בָּ	תָּ	שׁ	תַ	ת	T	5
שַׁ	שׁ	בּ	תּ	תָּ	שָׁ	SH	6

Connections

Connect each Hebrew letter to its name. What sound does each letter make?

SHIN
שׁ
BET

SHIN
ת
TAV

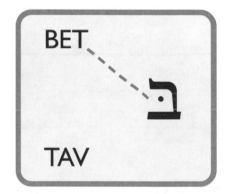

BET
בּ
TAV

TAV
תּ
BET

Be Alert!

The beginning of a Hebrew letter's name usually tells you the sound the Hebrew letter makes.

Bet (בּ) makes the sound _______.

Tav (**תּ or ת**) makes the sound _______.

Shin (שׁ) makes the sound _______.

Picture It in Hebrew

NEW LETTER ב

House

This cozy בַּיִת looks as if it is floating in the treetops. Some people live in a בַּיִת that has wheels, or even one that floats in the water! A בַּיִת can have many rooms or just one. The roof of a בַּיִת can be pointed or flat. No matter where your בַּיִת is or how it looks, it is the place where you feel at home.

What do you like best about your בַּיִת? Write your answer here.

____

Welcoming שַׁבָּת

Circle the objects we use to welcome שַׁבָּת.

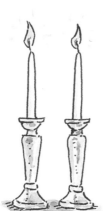

2

שַׁמָּשׁ

HELPER

LETTERS YOU KNOW

בּ ת תּ שׁ

VOWELS YOU KNOW

ָ ַ

NEW LETTER

מ

שַׁמָּשׁ

MEM

מ

1 מַ מָ מ מָ מ מַ

2 מַ בּ ת תָּ מָ שָׁ

3 מַ מָ שׁ שַׁ מָ שׁ

Now Read & Read Again

1 שַׁמָ מָשׁ מַמָ מָשׁ שַׁבָּ בָּת

2 מַשׁ מַבּ מָת מַמַ מַתַּ מַבָּ

3 בַּמַ שָׁמָ תָּמָ בַּת בָּמָ תַמַ

4 מָשַׁבּ מָתַּשׁ מַבַּת מַמַת בָּמָשׁ

5 תָּמַשׁ שַׁבָּת תַּמַת מַבָּשׁ מָשַׁשׁ

6 שַׁבָּת שַׁמָשׁ מָתָּשׁ מָשַׁשׁ שַׁמָשׁ

7 שַׁמָ שַׁמָשׁ שַׁבָּ שַׁבָּת שַׁמָשׁ

8 שַׁבָּת שַׁמָשׁ שַׁבָּת שַׁמָשׁ שַׁבָּת

Heritage Word

Can you find this Hebrew word above? Read and circle it .

helper candle on the *ḥanukkiah* שַׁמָּשׁ

Challenge

How many times did you read the word for *helper*?__________

NEW LETTER מ

Picture It in Hebrew

Do you see something in this picture with two wheels? Four wheels? There are many trucks on this street, and even a motorcycle, but only one מְכוֹנִית. The מְכוֹנִית your family rides in probably has four wheels, but the bright green מְכוֹנִית in this photo has only three!

Q: How does a huge elephant get out of a tiny מְכוֹנִית?

A: The same way it got in.

מְכוֹנִית

Car

Heritage Connections

Connect each letter to the picture whose name begins with the same sound.

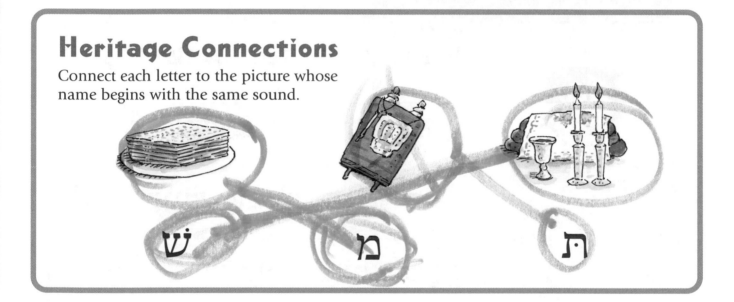

שׁ מ תּ

Candy Clues

Can you and a classmate read the sound on each candy?

1 מַת
2 מָשׁ
3 שַׁמָּשׁ
5 מַבּ
7 מַבָּשׁ

3

כַּלָּה

BRIDE

LETTERS YOU KNOW

בּ ת תּ שׁ מ

NEW LETTERS

ל כּ ה

VOWELS YOU KNOW

ַ ָ

כַּלָּה
LAMED

1 לַ לָ ל לָ ל לַ

2 לָ לַ ל מַ מָ מ

3 לָ בָּ תַּ שַׁ מָ תָ

Sounds Like

Read each line aloud.

Circle the Hebrew sounds on each line that are the same.

מָשׁ	מָשָׁ	שַׁמ	מַשׁ	1
שַׁל	שַׁל	שָׁלָ	לָשָׁ	2
תַּבּ	בָּת	בַּת	בַּתָ	3
לָבַּ	לַבּ	בַּלָ	לַבָּ	4
מַל	לָמָ	לַמ	לַל	5

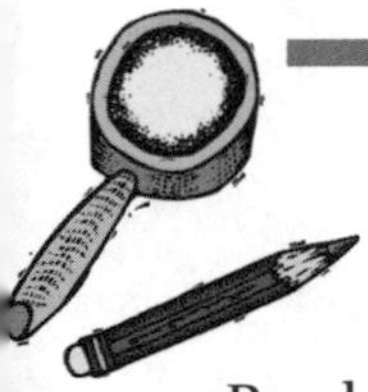

Search and Circle

Read aloud the Hebrew sounds on each line.

Circle the Hebrew that sounds the same as the English in the box.

בַּ	לַ	שׁ	תַּ	ל	LAH	1
ל	בּ	ת	מ	מָ	M	2
מ	תַּ	מַ	בַּ	שַׁ	MAH	3
תּ	לַ	בּ	שׁ	ל	L	4
מַ	בּ	שׁ	בַּ	שַׁ	SHAH	5

כַּ כָּ כּ כָּ כַּ כּ 1

כַּ בָּ ל ת שַׁ מַ 2

בָּ כַּ ת בָּ כַּ מַ 3

כַּלָה

KAF

Sound Off

Circle the sound each Hebrew letter makes. Say the sound.
What is the name of each letter?

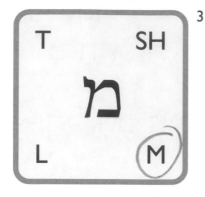

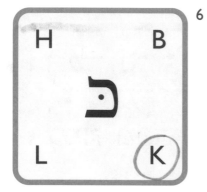

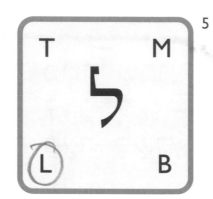

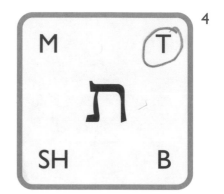

1. בּ — B, L, SH, M
2. שׁ — T, SH, M, L
3. מ — T, SH, L, M
4. ת — M, T, SH, B
5. ל — T, M, L, B
6. כּ — H, B, L, K

1 הַ הָ ה הַ ה הָ

2 הַ כַּ לָ מָ שַׁ הָ

3 הַ מָ הַ הָ שָׁ הָ

כַּלָה
HAY

Be Alert!

The letter ה (*hay*) is pronounced "h," but when ה comes at the end of a word and has no vowel under it, it is silent.

Now Read & Read Again

1 בַּ הָ תָּ הַ כַּ הָ

2 הַל הָבּ הַתּ הָשׁ הָת הַהָ

3 בָּה תָּה שַׁה לָה מַה הַה

4 תָּלָה בָּמָה לָשָׁה כַּמָה שַׁבָּת

5 לָמָה מַכָּה שָׁמָה כַּלָה לָשָׁה

6 הַבַּת הַשַׁמָשׁ הַשַׁבָּת הַמָשָׁל הַכַּלָה

7 כַּלָה הַכַּלָה מַכָּה כַּמָה לָמָה לָשָׁה

8 שַׁבָּת הַכַּלָה שַׁבָּת הַכַּלָה שַׁבָּת הַכַּלָה

Heritage Word

Can you find these Hebrew words above? Read and circle them.

the Sabbath bride שַׁבָּת הַכַּלָה **bride** כַּלָה

Challenge

How many times did you read the words for *the Sabbath bride*?______

Picture It in Hebrew

NEW LETTER כּ

When you visit Israel, you can buy a כּוֹבַע as a souvenir of the Israeli army. The Hebrew letters on each כּוֹבַע in this photograph—צ.ה.ל.—stand for the Hebrew words meaning "Israel Defense Forces."

How many times can you find the Hebrew letters for "Israel Defense Forces" in the photograph?

Write your answer here. _____

כּוֹבַע
Hat

Word Match

Draw a line to match each Hebrew term with its English meaning.
Read each Hebrew-English match aloud.

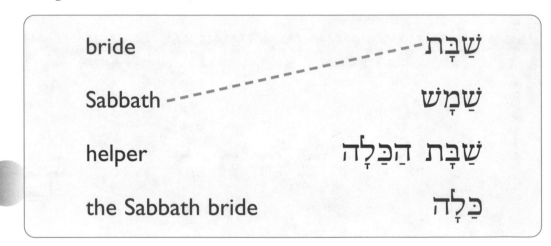

bride	שַׁבָּת
Sabbath	שַׁמָּשׁ
helper	שַׁבָּת הַכַּלָה
the Sabbath bride	כַּלָה

Step by Step

Connect the dashes to complete each footprint. Read each word as you "walk."

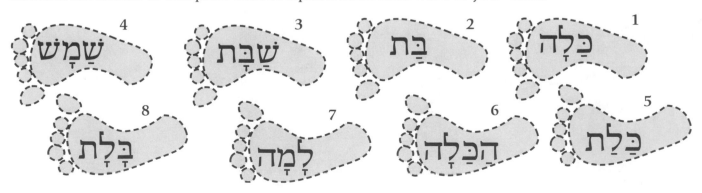

1. כַּלָה
2. בַּת
3. שַׁבָּת
4. שַׁמָּשׁ
5. כַּלַּת
6. הַכַּלָה
7. לָמָה
8. בַּלַּת

4

בְּרָכָה

BLESSING

LETTERS YOU KNOW

בּ ת תּ שׁ מ ל כּ ה

NEW LETTERS

ר כ

VOWELS YOU KNOW

ַ ָ

NEW VOWEL

ְ

בְּרָכָה

RESH

ְ

1 רַ רָ רְ רְ רַ ר

2 בְּ תְּ שְׁ מְ לְ כְּ

3 רַ רְ בְּ בַּ שָׁ שְׁ

Name Tag

Circle the name of each Hebrew letter.

What sound does each letter make?

HAY	TAV	SHIN	תּ	1
SHIN	KAF	BET	בּ	2
RESH	HAY	TAV	ר	3
HAY	SHIN	BET	שׁ	4
KAF	HAY	TAV	ה	5
MEM	SHIN	LAMED	ל	6
LAMED	KAF	BET	כּ	7
MEM	LAMED	TAV	מ	8

כַ כָ כְ כ כָ כְ 1

כַּ כָ כְּ כְ כָּ כָ 2

כְ כְּ בָּ כָּ כַ בַּ 3

בְּרָכָה
CHAF

Be Alert!

The letters כּ and כ make different sounds.
What sound does כּ make? What sound does כ make?
In what way do they look different?

Now Read  Read Again

hw

1 מְכַ בָּכְ כָּכְ רְכַ תָּכְ לְךָ

2 כָּה מָכַ כָּכְ כַבְּ כַּת כַשְׁ

3 רַכְ כָּמְ שַׁכְ כַּר תַּכְ בַּר

4 בָּכָה כָּכָה רַכָּה מָכַר שָׁכַר כַּלַת

5 כַּלָה כָּהָה כַּמָה מַכָּה רָכַשׁ לַכַּת

6 בָּכַת כָּכַת כָּרָה לְכָה תָּכָה לָכַשׁ

7 בְּכִתָה הַתָכָה כָּרַכְתְּ מָכְרָה הָלַכְתָּ

8 הָלַכְתָּ בְּרָכָה בְּרָכָה הָלְכָה מָשְׁכָה

Heritage Word

Can you find this Hebrew word above? Read and circle it.

blessing בְּרָכָה

Challenge

How many times did you read the word for *blessing*? _____

Picture It in Hebrew

NEW LETTER ר

ראשׁ means "head," but ראשׁ has other meanings as well. ראשׁ means "beginning," like ראשׁ הַשָּׁנָה—the beginning of the year. ראשׁ can also mean "leader," so in Israel, the Prime Minister is called ראשׁ הַמֶּמְשָׁלָה, the leader of the government. ראשׁ means "top," too.

In the photograph, the younger boy is knocking on the ראשׁ (top) of the older boy's ראשׁ (head)!

Fruit of the Tree

Read the Hebrew word on each apple. Then write the English meaning on the line above the apple.

Do you know the בְּרָכָה that we recite before we eat the fruit of the tree?

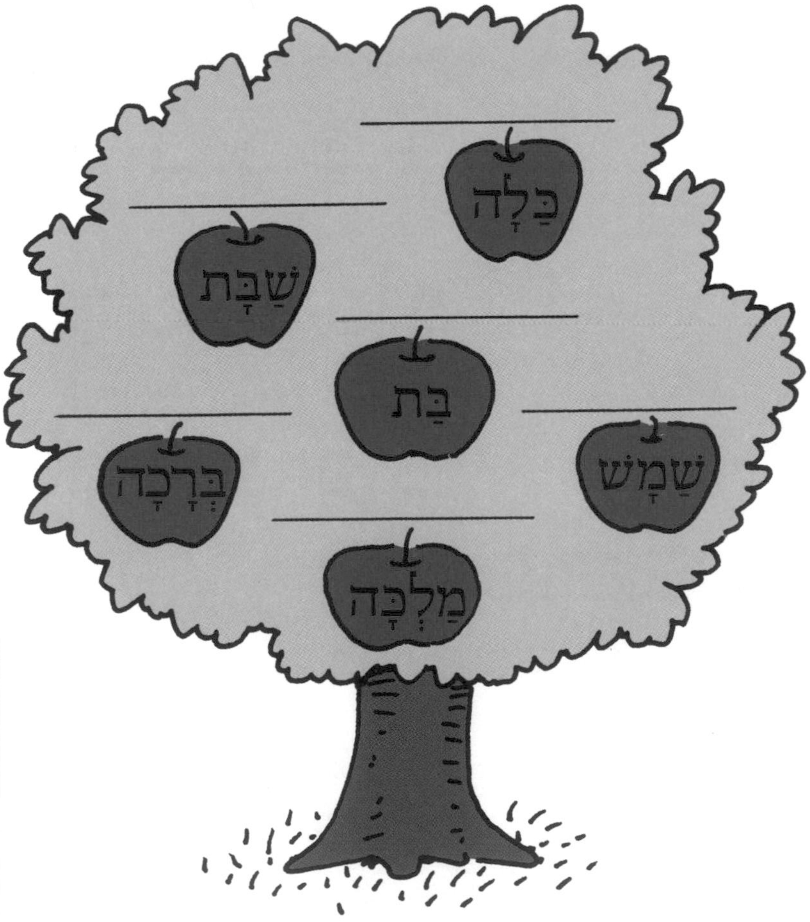

כַּלָּה
שַׁבָּת
בַּת
בְּרָכָה
שֶׁמֶשׁ
מַלְכָּה

Challenge

Can you use each Hebrew word in an English sentence? Example: We welcome שַׁבָּת by lighting candles.

5

הַבְדָלָה

HAVDALAH, SEPARATION

LETTERS YOU KNOW

בּ ת תּ שׁ מ ל כּ ה ר כ

NEW LETTERS

ב ד

VOWELS YOU KNOW

◌ַ ◌ָ ◌ְ

NEW VOWEL

◌ֲ

1 בַ בָ בְ בָ בַ בְ

2 בְּ בְ בַּ בַ הַ הֲ

3 כַ בַ כְ בְ כ ב

הַבְדָלָה

VET

◌ֲ

Be Alert!

The letters בּ and ב make different sounds.
What sound does בּ make? What sound does ב make?
How do they look different?

Word Wizard

Discover a hidden word.

Cross out the Hebrew letters and their vowels that match the English sounds below.

Circle the remaining Hebrew letters and their vowels to discover the hidden word.
Write the English meaning of the word. ____________________________

1 SHAH
2 V
3 LAH
4 HAH
5 K
6 T

שַׁ בְּ בְ לָ רָ הָ כָ כְּ ה ת

הַבְדָלָה
DALET

1 דַ דָ דְ דַ דְ ד

2 הֲ רַ דְ רְ כָ דָ

3 דַ רַ דָ רָ ד ר

Now Read & Read Again

1 דָד דָר בַּד בַּר דָשׁ רָשׁ

2 דָשׁ דַת דַל דָה דָר דָב

3 מַד כַּד בַּדָ שַׁדָ הַד רַד

4 דָלָה דָבָר דְבַשׁ לָמַד הָדָר דָרָה

5 לְבַד דָהָה דָרַשׁ שָׁדַד דָשָׁה מָדַד

6 הֲמָרָה דְמָמָה הֲלָכָה הֲדָרָה הֲבָרָה

7 כָּתְבָה לָבַשְׁתְּ לָמְדָה דָרַכְתְּ מָדְדָה

8 הַבְדָלָה דְרָשָׁה הֲלָכָה בְּרָכָה הַבְדָלָה

Heritage Word

Can you find this Hebrew word above? Read and circle it.

havdalah, **separation** הַבְדָלָה

Challenge

How many times did you read the word for *separation*? ______

Sounds Like

Read the Hebrew sound in each box.

Read the Hebrew sounds on each line.

Circle the Hebrew sound on each line that is the same as the Hebrew in the box.

1	הָבָ	תַבַ	הַבַ	הָרָ
2	בַּד	בָּדְ	בַּרְ	כַּד
3	רָשָׁה	דָשָׁה	רָתָה	רָשַׁ
4	כָּכְ	כַּכְ	בָּבְ	כַּבְ
5	דָבָר	דָבָה	רָבָד	דַבַר

Green Thumb

Color the leaf with the Hebrew letter that matches the name in the flower.

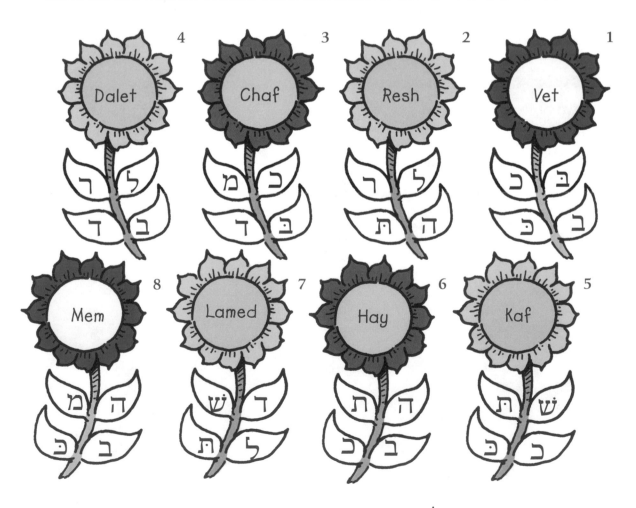

Picture It in Hebrew

You've probably seen a דָג in the sea or in a river or perhaps you have a דָג swimming in an aquarium in your room. But have you ever seen a דָג on a fence?

This photo of a דָג may remind you of a bible story we read on Yom Kippur. The story teaches of a prophet who was swallowed by a big דָג. The prophet tried to run away when God sent him to teach the people of Nineveh the difference between right and wrong. Do you know the name of the prophet?

Write it here. ____________________

דָג
Fish

Picture Perfect

Circle the two objects we can use to welcome שַׁבָּת.

Underline the two objects we can use to say good-bye to שַׁבָּת.

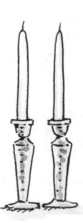

6

וְאָהַבְתָ

AND YOU SHALL LOVE

LETTERS YOU KNOW

בּ ת תּ שׁ מ ל כּ ה ר כ ב
ד

VOWELS YOU KNOW

◌ַ ◌ָ ◌ְ ◌ֲ

NEW LETTERS

א ו

וְאָהַבְתָ
ALEF

1 אַ אֲ אָ אֲ אָ אַ

2 אָ שָׁ לְ הֲ רָ בְ

3 אֲ הֲ אָ דָ כְ רְ

Name Tag

Read aloud the name of the Hebrew letter in each box.

Circle the Hebrew letter named in the box. What sound does the letter make?

1	LAMED	מ	ל	ד	ה
2	HAY	ר	ב	ה	ת
3	VET	ב	ד	ת	כ
4	MEM	שׁ	כּ	ל	מ
5	ALEF	ה	ד	ת	א
6	DALET	ה	ד	כ	ר
7	KAF	כּ	תּ	בּ	כ
8	RESH	ד	ב	ר	ת

1 וָ וַ וְ וְ וַ וָ

2 אֲ דְ בַ רְ כְ הֲ

3 וָ וַ בַ בְ רַ דְ

וְאָהַבְתָּ
VAV

Be Alert!

The letters ב and ו make the same sound.
What sound do they make?

Now Read & Read Again

1 דָוַ שָׁוָ תָּוָ שְׁוָ וָלָ וְהָ

2 וָו וָה וַת וַר וַדָ וָאָ

3 לָוָ מַוָ כְּוַ הָוָ תָּו בַּוְ

4 דָוַר שָׁוָה תָּוָה אַוָה לָו אָבָה

5 אֲתַר דָוָה הָוָה שְׁוָא וָלָד דְבַשׁ

6 אֲשָׁרָה אַדְוָה רַאֲוָה וְאַתָּה וְאָהַב

7 אָבְדָה שַׁלְוָה וְאָכַל מְלַוָה הַדָבָר

8 וְהָלַכְתָּ וְאָהַבְתָּ וְאָמַרְתָּ וְלָמַדְתָּ וְאָהַבְתָּ

Heritage Word

Can you find this Hebrew word above? Read and circle it .

and you shall love וְאָהַבְתָּ

Challenge

How many times did you read the word for *and you shall love*? ________

Picture It in Hebrew

NEW LETTER א

Do you have an אָח or אָחוֹת like the boy and girl in this photo? The אָח and אָחוֹת in this photograph look like each other, but sometimes an אָח and אָחוֹת might look completely different from each other. Your אָח or אָחוֹת may play with you, or argue with you, but one thing is for sure—your אָח or אָחוֹת will always care about you!

אָח, אָחוֹת

Brother, Sister

MIX AND MATCH

Draw a line to match each Hebrew term with its English meaning.

Read each Hebrew-English match aloud.

בְּרָכָה	Sabbath, rest	1
וְאָהַבְתָּ	blessing	2
שַׁבָּת	and you shall love	3

כַּלָּה	*haydalah,* separation	4
הַבְדָּלָה	helper	5
שַׁמָּשׁ	bride	6

צדקה

צְדָקָה

JUSTICE

LETTERS YOU KNOW

בּ ת תּ שׁ מ ל כּ ה ר כ ב
ד א ו

VOWELS YOU KNOW

◌ַ ◌ָ ◌ְ ◌ֲ

NEW LETTERS

ק צ

1 קַ קְ ק קָ קְ קַ

2 קַ רַ כְּ קְ כְ וְ

3 קַ קְ כַּ כְּ הֲ אֲ

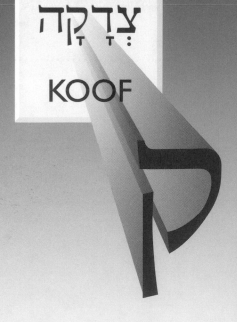

צְדָקָה
KOOF
ק

Be Alert!

The letters כּ and ק make the same sound.
What sound do they make?

Sound Off

Say the name of the Hebrew letter in each box.
Circle the English letter that makes the same sound as the Hebrew letter.

V M R מ	K CH L ק	H V T ה
T L SH ל	V H M ו	R K D ד

1 צַ צְ צָ צ צַ צְ

2 קַ צַ קְ כְּ צְ לְ

3 צַ צְ קַ קְ כְּ דְ

צ

צְדָקָה

TSADEE

Now Read & Read Again

1. צַו צָב צֵר צַד צָה צָל

2. כְּצֵ בָּצֵ אָצָ מַצָ קְצָ רְצָ

3. אָכָה צָדַק כְּצַד בָּצַר אָצָה צָרָה

4. צָבָא צָבַּר קָצַר צְבָת בָּצָל מָצָא

5. מַצָה קְצַת קַצָב מַצָב הַצָב אָצַר

6. מָצָא צָלָה צָמַד מַצָה אָצְתָ צָמָא

7. וְרָצָה וְאָצַר צָרַמְתָ צַוָּאר צַוְאָה

8. צְדָקָה בָּצַרְתָּ מָצָאתָ צָדֵקְתָּ צְדָקָה

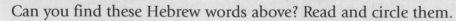

Heritage Words

Can you find these Hebrew words above? Read and circle them.

justice צְדָקָה   matzah מַצָה

Challenge

Each year at Passover we eat a special food in place of bread.

Do you recognize the name of the food?

33

Picture It in Hebrew

NEW LETTER צ

Do you belong to the Boy Scouts or Girl Scouts? In Israel, boys and girls participate together in all צוֹפִים activities. Students in every part of Israel join the צוֹפִים. The צוֹפִים have fun, and they help their communities, too. You may have seen the צוֹפִים Friendship Caravan, thirty students who are chosen each summer to visit North America, bringing the spirit of Israel to audiences through song and dance.

What symbol do you see on the צוֹפִים uniforms? Write your answer here.

____

Picture Perfect

Draw a line to connect each picture with its matching Hebrew word.

שַׁבָּת
מַצָּה
צְדָקָה

בְּרָכָה
צְדָקָה
כַּלָּה

שַׁמָּשׁ
וְאָהַבְתָּ
כַּלָּה

בְּבַקָּשָׁה
הַבְדָּלָה
קַבָּלַת

מַצָּה
אַתָּה
אַהֲבָה

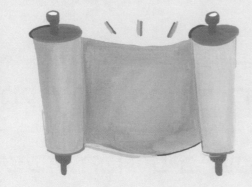

8

מִצְוָה

COMMANDMENT

LETTERS YOU KNOW

בּ ת תּ שׁ מ ל כּ ה ר כ ב
ד א ו ק צ

VOWELS YOU KNOW

◌ַ ◌ָ ◌ְ ◌ֲ

NEW VOWELS

◌ִ ◌ִי

1 בְּ תְּ מְ הְ וְ אְ

2 דִי כִ רִ כִּי לִי צִ

3 וִי מִי לִי כִּי בִּי אִי

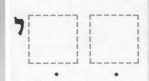

מִצְוָה

◌ִ ◌ִי

Now Read & Read Again

1 מִקְ צַדִי לְבִי אֱוִי דָוִ בְּרִי

2 שִׁשָׁה הִכָּה בִּיב שְׁמִי צִיר הֱכִי

3 הִיא אִישׁ אִשָּׁה אִמָּא בְּכִי בְּלִי

4 רַבִּי אֲוִיר דָוִד בִּימָה דָתִי תִּיק

5 שִׁירָה תִּירָא רִמָּה קְרִיאַת לְבִיבָה קָצִיר

6 צַדִיק בְּרִיאַת קַדִישׁ אָבִיב קְהִילָה מִקְרָא

7 צִיצִית בְּרִית מִילָה תִּקְוָה הַתִּקְוָה

8 מִצְוָה הַמִצְוָה בַּר מִצְוָה בַּת מִצְוָה

Heritage Word

Can you find these Hebrew words above? Read and circle them.

commandment	מִצְוָה	knotted fringes on the corners of the *tallit*	צִיצִית
bar mitzvah	בַּר מִצְוָה	Kaddish	קַדִישׁ
bat mitzvah	בַּת מִצְוָה	the Hope, the national anthem of Israel	הַתִּקְוָה

A בַּר מִצְוָה or בַּת מִצְוָה may wear a *tallit*. The *tallit* has knotted fringes on the four corners. Circle the Hebrew word for *knotted fringes* above.

Picture It in Hebrew

NEW VOWEL

מוּסִיקָה

You can listen to מוּסִיקָה almost anywhere. This musician is playing מוּסִיקָה on the street, but you can buy tapes or CDs from him and listen to מוּסִיקָה at home or in the car. מוּסִיקָה can wake you up or calm you down.

What is your favorite kind of מוּסִיקָה? Write your answer here.

____

Music

Search and Circle

Read each line aloud.
Find and circle the Hebrew letter that is found in every word on the line.
Say the name of the letter and its sound.

1 מַלְבִּישׁ רַבִּי מִדְבָּר דִבְּרָה

2 אִירָא בְּקִרְבִּי בְּרִית מִדְרָשׁ

3 תָּמִיד מָרָה בִּימָה אָמַרְתִּי

4 מַצִּיל צְדָקָה צִיצִית מִצְוָה

5 הַתִּקְוָה אָבִיו צִוָּה בְּשַׁלְוִי

6 לְהָבִיא אִשָּׁה אָהַבְתִּי קְהִילָה

9

שְׁמַע

HEAR

LETTERS YOU KNOW

בּ ת תּ שׁ מ ל כּ ה ר כ ב
ד א ו ק צ

VOWELS YOU KNOW

ַ ָ ְ ֲ ִ ִי

NEW LETTER

ע

שְׁמַע
AYIN

1 עַ עָ עֲ עִ עִי עָ

2 עַ אַ הַ עֲ אֲ הֲ

3 עִי צִי קִי אֲ הֲ עֲ

Now Read & Read Again

1 עָשִׂי עָתִי עָבַ צָעִי מַע דעַ

2 עַל עָבָ עַד רַע עִיר עַר

3 וַעַד דַעַת עַתָּה רַעַשׁ בַּעַל עָבַר

4 שְׁמַע רָעָב צָעִיר תָּקַע עִמָּה שָׁעָה

5 רָקִיעַ עָתִיד עָשִׁיר אַרְבַּע עָתִיק עִבְרִי

6 עִבְרִית מַעֲרִיב תְּקִיעָה עֲמִידָה קְעָרָה

7 שַׁעֲוָה עָבַדְתִּי שִׁבְעָה עֲתִיקָה עֲמִידָה

8 שְׁמַע תִּשְׁמַע שְׁמִיעָה קְרִיאַת שְׁמַע

Heritage Words

Can you find these Hebrew words above? Read and circle them.

hear שְׁמַע **Hebrew** עִבְרִית

Challenge

How many times did you read the word for *hear*? ____________

Picture It in Hebrew

NEW LETTER
ע

עוֹלָם
World

This photograph of the עוֹלָם was taken from outer space. Looking at the עוֹלָם from this distance, it is easy to imagine everyone working together for תִיקוּן עוֹלָם—caring for the environment and all living things.

Put a check next to all of the ways you help take care of the עוֹלָם.

______ recycle ______ care for a pet

______ water plants ______ don't litter

Write another way you can help take care of the עוֹלָם.

____

Drumbeat

Draw a pair of drumsticks on each drum whose letter makes a sound.

How many pairs of drumsticks did you draw? ________

What sound does the letter make? ________

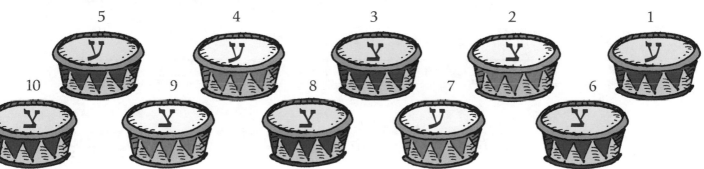

Tic-Tac-Toe

Play tic-tac-toe with a friend. Read the sounds correctly to make an X or an O.

1

בָּ	תִי	קַ
לֵ	אֱ	כִּ
שַׁ	עַ	וִי

2

עָ	כַ	תְּ
וָ	הֱ	צִי
רִ	בְּ	קִ

3

רָ	מְ	הִי
בָ	דִ	כַ
עַ	צִ	אָ

10

נָבִיא

PROPHET

LETTERS YOU KNOW

בּ ת תּ שׁ מ ל כּ ה ר כ ב

ד א ו ק צ ע

VOWELS YOU KNOW

י

ַ ָ ְ ֲ ִ ִ

NEW LETTERS

נ ן

1 נַ נָ נִי נְ נִ נְ

2 נִ נִי עִי וִי רִ בִ

3 לָן דָן מִין רָן מִן כַּן

נָבִיא

נ

NUN

ן

FINAL NUN

Be Alert!

There are five letters of the Hebrew alphabet that have a different form when they come at the end of a word. When a נ comes at the end of a word, it is a final ן. What is the name of the letter? What sound does it make? How are the two letters different?

Now Read & Read Again

1 נָן נָו נְעִי קַן בִּין

2 נִין לָן דָן מָן שִׁין רָן

3 דִין בְּנִי עָנִי נָקִי אֲנִי נָא

4 שָׁנָה לָבָן עָנָו רִנָה עָנַד נַעַר

5 נָבִיא בִּינָה נְשָׁמָה מִשְׁנָה נְעָרָה

6 מַאֲמִין שְׁכִינָה כַּוָנָה נְעִילָה מַרְבִּין

7 רַעֲנָן מִשְׁכָּן לְהָבִין קַנְקַן לַמְדָן

8 נָבִיא מְדִינָה מַה נִשְׁתַּנָה נָבִיא

Heritage Word

Can you find this Hebrew word above? Read and circle it .

prophet נָבִיא

Challenge

At the Passover seder, the youngest child asks the Four Questions. Can you find the two Hebrew words in the lines above that introduce the Four Questions? Read and circle them.

Picture It in Hebrew

NEW LETTER נ

Kiss

Giving someone a נְשִׁיקָה can mean "Hello, I'm happy to see you," or "Good-bye, I'll miss you!" What do you think this father's נְשִׁיקָה on his daughter's cheek is saying?

On Shabbat, when the Torah is carried around the sanctuary, people in the congregation give the Torah a נְשִׁיקָה. This is one way to show that they cherish the Torah. Describe how people in *your* congregation give the Torah a נְשִׁיקָה.

____

It is a custom to touch the special scroll which hangs on the doorpost of a Jewish home and give it a נְשִׁיקָה. Do you know what this scroll is called? Write its name here. __________________

Knock, Knock

Open the doors by writing the meaning of the Hebrew words on the door.

helper Shabbat blessing bride

hear justice commandment

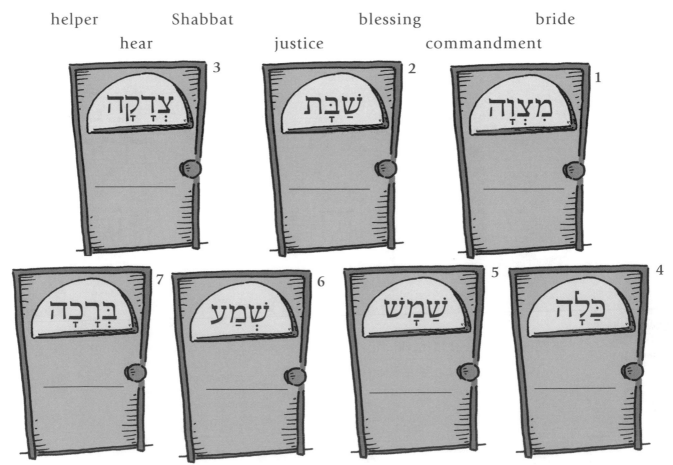

חַלָה

BRAIDED BREAD
for Shabbat and holidays

LETTERS YOU KNOW

בּ ת תּ שׁ מ ל כּ ה ר כ ב
ד א ו ק צ ע נ ן

VOWELS YOU KNOW

◌ַ ◌ָ ◌ְ ◌ֲ ◌ִ ◌ִי

NEW LETTER

ח

1 חַ חִ חִי חֲ חָ ח

2 כַ חַ כִי חִי כָ חָ

3 חִי הִי חֲ הֲ חָ הָ

חַלָה
ḤET

Be Alert!

The letters כ and ח make the same sound.
What sound do these letters make?

1 חִכָּ חָבִי חָתָ בָּח אַח צָח

2 חָל חִיל חַד חָשׁ חִישׁ חִימִי

3 קַח צַח נָח לָח אָח חַוָה

4 חִכָּה שָׁכַח חָבִיב חֲבָל חָתָן לָקַח

5 חַלָה חָלִיל וְצָחַק אַחַת חָצִיר חָנָן

6 מִנְחָה חֲמִשָׁה שָׁלְחָה חִירִיק בָּחַרְתָּ

7 רַחֲמָן הָרַחֲמָן שַׁחֲרִית חֲתִימָה חֲדָשָׁה

8 הַחַלָה הַבְּרָכָה חַלָה לְשַׁבָּת הָרַחֲמָן

Picture It in Hebrew

NEW LETTER ח

This חֲנוּת on Ben Yehuda Street in Jerusalem sells jewelry and gifts. How many *menorot* do you see in the window? Write your answer here. _____

The Hebrew sign says that at this חֲנוּת you can buy gifts made of gold and silver. The words at the bottom of the sign tell us that you can also get your ears pierced at this חֲנוּת.

Circle the letter ח in the line at the bottom of the sign.

Catching Practice

Draw a line to connect the glove and the ball that make the same sound.

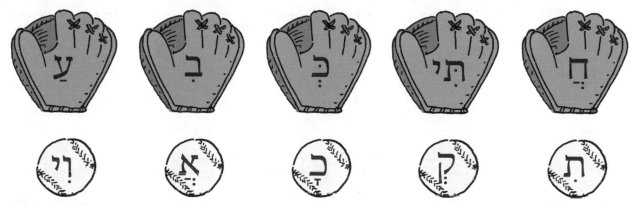

Beachcombers

Draw a seashell around each word on the beach. Then, collect the shells by reading the word on each one to your beach buddy.

Underline the Hebrew name that is part of the Purim story.

1 נָבִיא
2 צִיצִית
3 שַׁחֲרִית
4 חַוָּה
5 הָמָן
6 עִבְרִית
7 חַלָּה
8 תְּקִיעָה

עֲלִיָּה

GOING UP

the honor of being called up to recite the blessings over the Torah

LETTERS YOU KNOW

בּ ת תּ שׁ מ ל כּ ה ר כ ב

ד א ו ק צ ע נ ן ח

VOWELS YOU KNOW

ַ ָ ְ ֲ ִ ִי

NEW LETTER

י

1 יַ יָ יִ יִי יְ יָ

2 יַ ןַ יְ ןְ יִי וִי

3 יָשָׁ יָר יִן יְשִׁי חַיִ יְדִי

Now Read & Read Again

1 יָד יְהִי יַיִן יַמִי יָדִי יָמָה

2 שַׁיִשׁ יָשָׁן מִיָד נְיָר לַיִל הֲיִי

3 בַּיִת יָשָׁר יַעַר חַיָה עַיִן יָשַׁב

4 יָדַע אַיִל חַיָב יָחִיד יָקָר מַעְיָן

5 יְצִיר הָיָה יָוָן חַיִל יָצָא עֲדַיִן

6 יַחְדָו יִרְאָה יִצְחָק יַבָּשָׁה צִיַרְתִּי

7 עֲלִיָה כְּוִיָה יִוָכַח יַלְדָה יְדִיעָה

8 יְשִׁיבָה יִשְׁתַבַּח הָיְתָה מִנְיָן עֲלִיָה

Heritage Words

Can you find these Hebrew words above? Read and circle them.

aliyah, **going up** עֲלִיָה

ten Jewish adults, the minimum needed for a prayer service מִנְיָן

Challenge

How many times did you read the word for *aliyah*? ____________

Picture It in Hebrew

יוֹם הוּלֶדֶת

You don't have to be a child to celebrate your יוֹם הוּלֶדֶת with a cake and party hats! In Israel it's the custom to lift up the person celebrating his or her יוֹם הוּלֶדֶת in a chair while singing "הַיוֹם יוֹם הוּלֶדֶת" which means "Today is the birthday."

When is your יוֹם הוּלֶדֶת? Write your answer here.

_____

Birthday

Hand in Hand

Read the word on each hand to a classmate. Then listen to your classmate read. Shake hands when you're done!

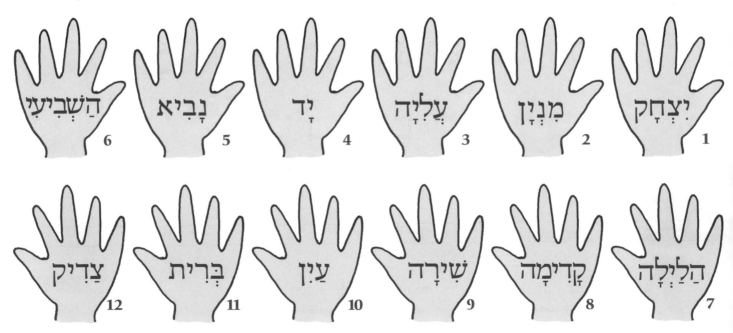

הַשְּׁבִיעִי 6	נָבִיא 5	יָד 4	עֲלִיָּה 3	מִנְיָן 2	יִצְחָק 1
צַדִּיק 12	בְּרִית 11	עַיִן 10	שִׁירָה 9	קָדִימָה 8	הַלַּיְלָה 7

49

13

לְחַיִּים

TO LIFE

LETTERS YOU KNOW

בּ ת תּ שׁ מ ל כּ ה ר כ ב

ד א ו ק צ ע נ ן ח י

VOWELS YOU KNOW

ַ ָ ְ ֲ ִ ִי

NEW LETTER

ם

1 תָּם קָם צָם דָם אִם חַם

2 עַם שָׁם יָם בָּם רָם עִם

3 יִים תִּים רַיִם לִים הָם אִים

לְחַיִּים

FINAL MEM

ם

Be Alert!

There are five letters in the Hebrew alphabet that have a different form when they come at the end of a word. When a מ comes at the end of a word, it is a final ם. What is the name of the letter? What sound does it make? How are the two letters different?

Now Read & Read Again

1 הָלַם אַחִים עָלִים מִרְיָם בַּדִים תָּרַם

2 אִיִּים שְׁנַיִם בָּתִּים אָדָם דַקִים מִצְרַיִם

3 חָכָם רַעַם יָמִים רַבִּים חַיִּים דָמַם

4 בָּנִים מַיִם אָדָם שְׁתַּיִם מִלִּים אָשָׁם

5 נָשִׁים שָׁמַיִם דְבָרִים יָדַיִם קָמִים עָלִים

6 אַבְרָהָם נְבִיאִים כְּרָמִים שִׁבְעִים אֲנָשִׁים

7 עִבְרִים רַחֲמִים יְלָדִים צַדִיקִים מְלָכִים

8 עֲבָדִים יְצִיאַת מִצְרַיִם לְחַיִּים לְחַיִּים

Heritage Words

Can you find these Hebrew words above? Read and circle them.

to life לְחַיִּים

the name of the first human (man) אָדָם

the Exodus, going out from Egypt יְצִיאַת מִצְרַיִם

Challenge

Jewish people say לְחַיִּים on very special occasions.

When would you say לְחַיִּים?

Word Find

Read each word aloud. The words are hidden in the puzzle. Look across from right to left to find them. Circle each word you find.

מִנְחָה	צִיצִית	שְׁמַע	מִצְוָה
צְדָקָה	הָרַחֲמָן	הַתִּקְוָה	קַדִּישׁ
מִנְיָן	נְשָׁמָה	כַּוָּנָה	בְּרִית
	שַׁבָּת	כַּלָּה	

ה	ק	ד	צ	ה	נ	ו	כּ
ה	ו	צ	מ	ת	י	ר	בּ
ה	ו	ק	ת	ה	ע	מ	שׁ
ן	י	נ	מ	שׁ	י	ד	ק
ת	בּ	שׁ	ן	מ	ח	ר	ה
ה	מ	שׁ	נ	ה	ח	נ	מ
ת	י	צ	י	צ	ה	ל	כּ

Vocabulary Challenge

You know the English meaning of many of the words in the Word Find activity above. Read the Hebrew and give the English meaning for the words you know.

Picture It in Hebrew

NEW LETTER ם

This photograph shows bottles of מַיִם for sale in a supermarket in Israel. מַיִם is great to drink when you are thirsty or hot. Plants need מַיִם to grow, fish need מַיִם to live in. מַיִם cleans, as well. The expression מַיִם לְחַיִּים means "water for life," and reminds us that מַיִם is essential for all living things, especially in Israel where very little rain falls.

Did you know?
It takes fifty glasses of מַיִם to grow one glass of orange juice!

מַיִם

Water

Word Power

Read aloud the Hebrew words in each line. Circle the word that has the same meaning as the English in the box.

1	blessing	בְּרָכָה	חַלָּה	הַבְדָּלָה	שַׁמָּשׁ
2	to life	מִצְוָה	חָכָם	עֲבָדִים	לְחַיִּים
3	hear	נָבִיא	בָּנִים	שְׁמַע	שְׁתַּיִם
4	going up	מִצְרַיִם	עֲלִיָּה	עַיִן	יְצִיאַת
5	justice	יְלָדִים	שָׁמַיִם	צְדָקָה	יְשִׁיבָה

14

תּוֹרָה

TORAH

LETTERS YOU KNOW

בּ ת תּ שׁ מ ל כּ ה ר כ ב

ד א ו ק צ ע נ ן ח י ם

VOWELS YOU KNOW

◌ַ ◌ָ ◌ְ ◌ֲ ◌ִ ◌ִי

NEW VOWELS

וֹ ◌ֹ

1 תּוֹ בּוֹ רוֹ מוֹ לוֹ דוֹ נוֹ

2 אֹ צֹ קֹ עֹ נֹ חֹ יֹ

3 מֹעַ עוֹת אָנֹ שׁוֹן קֹב דוֹשׁ

תּוֹרָה
וֹ

Be Alert!

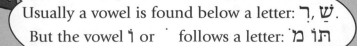

Usually a vowel is found below a letter: שַׁ, רָ.
But the vowel וֹ or ◌ֹ follows a letter: תּוֹ מֹ

Now Read & Read Again

1 כֹּל לֹא אוֹת יוֹם חוֹל צֹאן

2 עוֹד קוֹל מוֹת שׁוֹר צוֹם חוֹר

3 שָׁמֹעַ יָבֹא אֹתָם דָתוֹ אָנֹכִי כְּמוֹ

4 אָבוֹת מְאֹד כְּבוֹד לָשׁוֹן נָכוֹן שָׁעוֹת

5 קָדוֹשׁ תּוֹרָה צִיוֹן מוֹרָה תְּהֹם מְלֹא

6 שְׁלֹמֹה אַהֲרֹן יַעֲקֹב אֲדוֹן עוֹלָם

7 הַמוֹצִיא שַׁבַּת שָׁלוֹם רֹאשׁ הַשָׁנָה

8 תּוֹרָה בְּרָכוֹת מִצְווֹת דוֹרוֹת כֹּהֲנִים

Heritage Words

Can you find these Hebrew words above? Read and circle them.

Torah, teaching	תּוֹרָה	a peaceful Shabbat	שַׁבַּת שָׁלוֹם
holy	קָדוֹשׁ	blessing over bread	הַמוֹצִיא
hello, good-bye, peace	שָׁלוֹם	Jewish New Year	רֹאשׁ הַשָׁנָה

Challenge

Can you find the name of the Jewish New Year in the words above? Circle it.
Can you recite the בְּרָכָה we say over bread?

Picture It in Hebrew

NEW VOWEL וֹ

תִּינוֹק

When a תִּינוֹק is born, everyone celebrates! At eight days old, a boy תִּינוֹק is welcomed into the Jewish community with a special ceremony called a *b'rit milah*. Often, that's when he gets his Hebrew name. A girl תִּינוֹקֶת can be from a few days to a few weeks old when she has the ceremony during which she receives her Hebrew name. Usually this takes place in the synagogue at the time the Torah is read.

What is your Hebrew name?
Write it here.

____

Baby

Connections

Read the words in each column.

Connect the beginning of a phrase in column א with its ending in column ב. Read each completed phrase aloud.

א	ב
שַׁבַּת	נִשְׁתַּנָּה
מַה	מִצְוָה
רֹאשׁ	שָׁלוֹם
יְצִיאַת	הַשָּׁנָה
בַּת	מִצְרַיִם

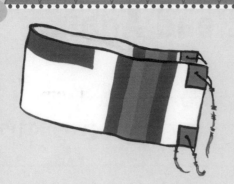

15

טַלִית

TALLIT, PRAYER SHAWL

LETTERS YOU KNOW

בּ ת תּ שׁ מ ל כּ ה ר כ ב

ד א ו ק צ ע נ ן ח י ם

VOWELS YOU KNOW

◌ַ ◌ָ ◌ְ ◌ֲ ◌ִ ◌ִי ◌וֹ ◌ֹ

NEW LETTER

ט

טַלִית

TET

1 טַ טְ טִ טוֹ טִי טֹ

2 טוֹ מוֹ טָ מָ טְ מְ

3 טָה טַשׁ בָּט עַט טָר נְטִי

Now Read & Read Again

1 טוֹן טִיב מָט אַט חַיָט מוֹטוֹ

2 טוֹב טַל אִטִי טָרִי שׁוֹט קָט

3 מִטָה מוֹט קָטָן חִטָה שָׁחַט לָטַשׁ

4 לְאַט מָטָר חָטָא מְעַט שְׁבָט בָּטַח

5 טַלִית טָהוֹר אָטָד טַעַם טִבְעִי טָמַן

6 קְטַנָה עֲטָרָה מִקְלָט חֲטָאִים הִבִּיטָה

7 שְׁבָטִים טוֹבִים בִּטָחוֹן נְטִילַת יָדַיִם

8 טַלִית שָׁנָה טוֹבָה יוֹם טוֹב

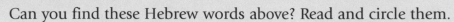

Heritage Words

Can you find these Hebrew words above? Read and circle them.

tallit, prayer shawl טַלִית

holiday, festival יוֹם טוֹב

Happy New Year שָׁנָה טוֹבָה

Challenge

Can you find the Hebrew phrase we say at רֹאשׁ הַשָּׁנָה to wish each other *a good year*?

NEW LETTER ט

Picture It in Hebrew

Can you find the Hebrew word for "telephone" in this photograph? Circle it. Did you know that in Hebrew, letters are written from *right to left* (טֶלֶפוֹן←), but numbers on a telephone are written from *left to right* (→12345)?

The letters on the side of the public טֶלֶפוֹן in the photograph are Arabic. They too are written from right to left, just like Hebrew.

טֶלֶפוֹן
טלפון
Telephone

Erev Shabbat

Write the sound-alike letters on the flames of each pair of candles.

ח ב א כּ ו ט כ ע ת ק

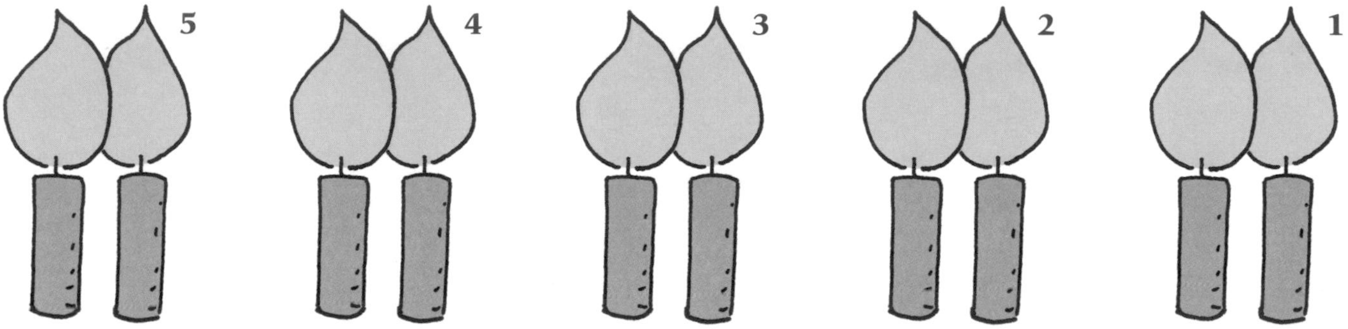

5
4
3
2
1

Say the sound each pair makes.

Mix and Match

Connect each Hebrew word with its English meaning. Read each Hebrew-English match aloud.

blessing	צְדָקָה
prayer shawl	שַׁבָּת
justice	בְּרָכָה
Sabbath	טַלִּית

Torah	הַבְדָּלָה
going up	בַּת
separation	תּוֹרָה
daughter	עֲלִיָּה

אֱמֶת

TRUTH

LETTERS YOU KNOW

בּ ת תּ שׁ מ ל כּ ה ר כ ב
ד א ו ק צ ע נ ן ח י ם
ט

VOWELS YOU KNOW

◌ַ ◌ָ ◌ְ ◌ֲ ◌ִ ◌ִי ◌ִ ◌ֹן ◌ֹ

NEW VOWELS

◌ֱ ◌ֶ

1 דֶ בֶּ תֶ טֶ אֱ יֶ

2 שֶׁ עֶ מֶ לֶ קֶ צֶ

3 תֶּם עֶד רֶב חֱלִי דֶשׁ יֶה

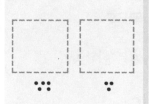

אֱמֶת

◌ֱ ◌ֶ

Now Read & Read Again

1 אֶת אֶל שֶׁלִי שֶׁלֹא אֱמֶת אַתֶּן

2 אֲשֶׁר שֶׁמֶשׁ יֶלֶד לָכֶם אֹהֶל אֶבֶן

3 אַתֶּם נֶצַח חֹדֶשׁ כֹּתֶל טֶרֶם אֶחָד

4 רוֹצֶה שֶׁבַע עֶרֶב מוֹרֶה נֶאֱמָן יִהְיֶה

5 וְנֶאֱמַר מְחַיֶּה רוֹעֶה עוֹלֶה הֶחֱלִיט שְׁמוֹנֶה

6 לְעוֹלָם וָעֶד תּוֹרַת אֱמֶת מְצַוֶּה אֶתְכֶם

7 אֲרוֹן הַקֹּדֶשׁ כֶּתֶר תּוֹרָה וַיֹּאמֶר אֱלֹהִים

8 אֱלֹהִים הַמּוֹצִיא לֶחֶם אֱמֶת וָצֶדֶק

Heritage Words

Can you find these Hebrew words above? Read and circle them.

truth	אֱמֶת	Who brings forth bread	הַמּוֹצִיא לֶחֶם
God	אֱלֹהִים	the Holy Ark	אֲרוֹן הַקֹּדֶשׁ

Challenge

How many times did you read the word for *truth*? ___________

Picture It in Hebrew

NEW VOWEL

Food

This girl is eating a slice of juicy watermelon from Israel. Sweet oranges and bright red tomatoes grow in Israel, too. Another kind of אֹכֶל from Israel is hummus, a delicious dip made of chickpeas, which you can eat with pita, a thin bread.

What is your favorite kind of אֹכֶל? Write your answer here.

____

Name Know-How

Match each Hebrew name with its translation. Read each match aloud.

Miriam	חַנָּה
Rebecca	דְבוֹרָה
Hannah	רִבְקָה
Deborah	מִרְיָם

Moses	אָדָם
Benjamin	מֹשֶׁה
Adam	דָוִד
David	בִּנְיָמִן

17

פֶּסַח

PASSOVER

the feast of unleavened bread

LETTERS YOU KNOW

בּ ת תּ שׁ מ ל כּ ה ר כ ב
ד א ו ק צ ע נ ן ח י ם
ט

VOWELS YOU KNOW

◌ַ ◌ָ ◌ְ ◌ֲ ◌ִ ◌ִי ◌וֹ
◌ֹ ◌ֵ ◌ֶ

NEW LETTERS

פּ ס

1 פּוֹ פֶּ פַּ פְּ פֹּ פָּ

2 פֶּה פְּרִי פֹּה פֶּן פַּת פֶּתִי

3 פְּשָׁ פֶּשַׁ צִפּוֹ כַּפִּי טִפָּ פֶּר

Rhyme Time

Read aloud the Hebrew words on each line. Circle the two rhyming words.

Now read the rhyming words aloud.

1 נוֹרָא צוֹם תּוֹרָה אוֹת

2 יוֹרָם מוֹצִיא הוֹצִיא הוֹלְכִים

3 תֶּרֶק לֶחֶם כֶּתֶר רֶחֶם

4 פֶּרֶק טִפָּה פֶּרַח כִּפָּה

5 טָהוֹר טַלִּית מִטָּה שָׁחוֹר

6 פִּדְיוֹן פְּעָמִים פִּתְאֹם עִפָּרוֹן

1 סַ סִ סִי סוֹ סֹ סֶ

2 סַל סַע סֶלָה סָב סַם סִיר

3 חַסְ יְסוֹ סִיוָ סַבְ מִסְ נַסֶ

Now Read & Read Again

1 כּוֹס סֶלַע מַס פֶּסַח סְתָו סִיוָן

2 סְתָם חֶסֶד סַבָּא סַבְתָּא חָסִיד כַּסְפּוֹ

3 נִיסָן סִדְרָה חַסְדוֹ סַנְדָק יְסוֹד מִסְפָּר

4 מָסֹרֶת נִסִים נִכְנָס כְּסוֹד מְנַסֶּה לַעֲסֹק

5 סְבִיבוֹן מְסָבִיב בָּסִיס הִסְפִּיד וְנִסְכּוֹ מַחְסִי

6 מְסַפֶּרֶת כְּנֶסֶת נִסְפָּח הַכְנָסַת מַסְפִּיק

7 חֲסָדִים חֲסִידִים פַּרְנָסָה סְלִיחָה סְלִיחוֹת

8 פֶּסַח כַּרְפַּס חֲרוֹסֶת מַצָּה מָרוֹר פֶּסַח

Holiday Challenge

Can you find the Hebrew word for *dreidel* in the lines above?

Which line is it on? ___________

Heritage Words

Can you find these Hebrew words above? Read and circle them.

Passover פֶּסַח **kindness** חֶסֶד

Challenge

How many times did you read the word for *Passover*? ___________

Picture It in Hebrew

פִּיצָה

Pizza

The boy in this photograph is eating פִּיצָה topped with cheese. It is a custom to eat dairy foods, like פִּיצָה, on Shavuot. Some traditional dairy foods for Shavuot are blintzes and noodle pudding. Ice cream is also a dairy food. Which one of these delicious dishes do you like best? Write your answer here.

_____

Q: How do you fix a broken פִּיצָה?
A: With tomato paste.

The פֶּסַח Seder

Read each Hebrew word and its English meaning aloud. Read each sentence describing a פֶּסַח food. Write the correct word(s) to answer each question.

מָרוֹר	מַצָּה	חֲרוֹסֶת	כַּרְפַּס	יַיִן
bitter herbs	matzah	chopped apples and nuts *ḥaroset*	greens	wine

1 Everyone was in a hurry to leave Egypt and did not have time to wait for the bread dough to rise. My dough hardened into a flat, crunchy kind of bread.

   _____
   Who am I? _____

2 I am the greens on the seder plate. I represent springtime and new life. I am dipped into salt water to remind us of the tears we cried when we were slaves.

   _____
   Who am I? _____

3 I taste bitter. I am a reminder of our bitter lives as slaves. Who am I? _____

4 I remind everyone of the bricks we had to make when we were slaves in Egypt.

   _____
   Who am I? _____

5 I am a sweet liquid. I am poured into a glass four times during the seder. Each of the four times reminds us of God's four promises to bring us from slavery to freedom.

   Who am I? _____

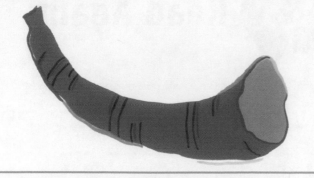

שׁוֹפָר

SHOFAR

LETTERS YOU KNOW

בּ ת תּ שׁ מ ל כּ ה ר כ ב

ד א ו ק צ ע נ ן ח י ם

ט פּ ס

VOWELS YOU KNOW

וֹ י

ָ ַ ְ ֵ ִ ֶ ֹ

NEW LETTER

פ

1 פִי פֶ פַ פוֹ פְ פֹ

2 פֶ פֶּ פ פּ פֹ פֹּ

3 נָפַ אֹפֶ שֶׁפַ לִפְ תְּפִ צוֹפִ

Be Alert!

The letters פּ and פ make different sounds. What sound does פּ make? What sound does פ make? How do they look different?

Now Read & Read Again

1 יָפֶה עָפָר כְּפִי נֶפֶשׁ חֹפֶשׁ צוֹפֶה

2 אֹפִי תָּפַס נָפַל אָפָה יָפִים נַפְשִׁי

3 אֹפֶן אֶפֶס צָפוֹן שֶׁפַע כֹּפֶר יִפְתֶּה

4 אָסַפְתָּ אֶפְשָׁר תְּפִלָּה מַפְטִיר תִּפְתַּח לִפְעָמִים

5 תְּפִלּוֹת סְפָרִים סוֹפְרִים לְפָנִים צוֹפִיָּה אַפְקִיד

6 לִפְדּוֹת נוֹפְלִים טוֹטָפֹת נַפְשְׁכֶם תִּפְאֶרֶת

7 אֲפִיקוֹמָן הַפְטָרָה שׁוֹפְטִים כְּמִפְעָלוֹ תְּפִילִין

8 שׁוֹפָר תְּפִלָּה תְּפִילִין מַפְטִיר הַפְטָרָה

Picture It in Hebrew

NEW LETTER פ

Book

Do you think you could ever carry a garden in your hand? There is an old Jewish saying, "A good סֵפֶר is like a garden which you can carry in your hand." That means that when you read a good סֵפֶר, you feel as if you have traveled to a different, special place. Can you read the title of the סֵפֶר in the middle of this photograph? When you read that סֵפֶר, you are transported to a magical land.

What is the name of the סֵפֶר?

Write your answer in English here. ___________________

Bingo for One

Write the number of the Hebrew word in the matching English box.
Try to fill your entire bingo card.

1. הַבְדָּלָה
2. מִנְיָן
3. תּוֹרָה
4. צְדָקָה
5. אֲרוֹן הַקֹּדֶשׁ
6. וְאָהַבְתָּ
7. שׁוֹפָר
8. יְצִיאַת מִצְרַיִם
9. שְׁמַע
10. צִיצִית
11. יוֹם טוֹב
12. עֲלִיָּה
13. בְּרָכָה
14. אֱמֶת
15. חַלָּה
16. נֶפֶשׁ

Exodus from Egypt	knotted fringes	separation	ram's horn
Holy Ark	braided bread	justice	hear
soul	ten Jewish adults	blessing	teaching
holiday	and you shall love	truth	going up

19

עֵץ חַיִים

TREE OF LIFE

LETTERS YOU KNOW

ב כ ר ה כּ ל מ שׁ תּ ת בּ
ם י ח ן נ ע צ ק ו א ד
פ ס פּ ט

VOWELS YOU KNOW

◌ַ ◌ָ ◌ְ ◌ֲ ◌ִ ◌ִ ◌ִי וֹ
◌ֶ ◌ֱ

NEW LETTER

ץ

NEW VOWELS

◌ֵ ◌ֵי

עֵץ חַיִים

◌ֵ ◌ֵי

1 שֵׁ פֵּי מֵי לֵי דֵ נֵי

2 פֵּי סֵ טֵי יֵי עֵי כֵּ

3 סֵפֶּ כֹּהֵ אוֹמֵ הֵיטֵ דְרֵי שְׁרֵי

Rhyme Time

Read aloud the Hebrew words on each line. Circle the two rhyming words.

Now read the rhyming words aloud.

1 בֵּן נֵר תֵּל כֵּן

2 אָמַר אָמֵן שָׁמֵן עֹמֶר

3 קוֹרֵא תּוֹקֵעַ שׁוֹמֵר שׁוֹמֵעַ

4 מִנְיָן מִקְוָה בִּנְיָן בָּנִים

5 טַהֵר טוֹבָה מַהֵר מִצְוָה

6 תִּפְאֶרֶת שַׁחֲרִית אוֹמְרוֹת סוֹפֶרֶת

7 צְדָקָה רַחֲמִים רַחֲמָן צַדִּיקִים

8 מַלְאֲכֵי פְּעָמִים פַּעֲמוֹן פִּרְקֵי

1 עֵץ קֵץ חֵץ רָץ אָץ נֵץ

2 עֵץ עֵצִים רָץ רָצָה לֵץ לֵיצָן

3 צֵץ צַע רֶץ פִּיץ רֶן צָה

עֵץ חַיִּים

FINAL TSADEE

Be Alert!

There are five letters in the Hebrew alphabet that have a different form when they come at the end of a word. When צ comes at the end of a word, it is a final ץ. What is the name of the letter? What sound does it make? How are the two letters different?

Challenge

Can you name two other Hebrew letters that have a final form?

Now Read & Read Again

1 אֶרֶץ חָמֵץ מַצָּה חָפֵץ קַיִץ אֹמֶץ

2 קוֹץ קוֹצִים בּוֹץ פָּרַץ קוֹפֵץ קוֹפֶצֶת

3 נוֹצֵץ לוֹחֵץ צַנְחָן עָצִיץ מִיץ נִמְצַץ

4 אֹמֶץ אֶמְצַע מֶרֶץ אָמִיץ הֵצִיץ צִיֵּן

5 לִקְפֹּץ קְפִיצָה קָמַץ חוֹלֵץ חוֹלֵם הֵפִיץ

6 רוֹחֵץ רָחֲצָה יוֹעֵץ צִפֹּרֶן וֶאֱמַץ פֶּרֶץ

7 לְשַׁבֵּץ נִצְטַוָּה מֵלִיץ צְבָעִים צָפוֹן חָמִיץ

8 עֵץ חַיִּים הַמּוֹצִיא לֶחֶם מִן הָאָרֶץ

Heritage Words

Can you find these Hebrew words above? Read and circle them.

tree of life עֵץ חַיִּים **leavened food** חָמֵץ

Challenge

Can you find the Hebrew word for the special food we eat during פֶּסַח?

Underline it.

Can you find the Hebrew word for the food we do not eat on פֶּסַח?

Picture It in Hebrew

NEW LETTER ץ

עֵץ
Tree

The עֵץ in this photograph looks easy to climb. An עֵץ, like a person, can be young or old, tall or short. An עֵץ can grow fruit and gives us shade on a sunny day. Many small animals call an עֵץ their home.

Q: How does an עֵץ check its e-mail?
A: It *logs* on!

Connections

Connect the beginning of a phrase with its ending. Read the complete phrases with a partner.

1	הַמּוֹצִיא	נִשְׁתַּנָּה
2	מַה	תּוֹרָה
3	עֵץ	מִצְרַיִם
4	סֵפֶר	לֶחֶם
5	יְצִיאַת	חַיִּים

6	יוֹם	עֲלֵיכֶם
7	אֲרוֹן	טוֹבָה
8	נֵר	הַקֹּדֶשׁ
9	שָׁנָה	תָּמִיד
10	שָׁלוֹם	טוֹב

An *Alef Bet* Chart

You have learned five new letters in Lessons 15-19:

ט פּ ס פ ץ

Turn to the *Alef Bet* Chart on page 96.

How many letters do you know?

Can you say the name and sound of each letter?

20

יִשְׂרָאֵל

ISRAEL

LETTERS YOU KNOW

בּ תּ ת שׁ מ ל כּ ה ר כ ב
ד א ו ק צ ע נ ן ח י ם
ט פּ ס פ ץ

VOWELS YOU KNOW

◌ַ ◌ָ ◌ְ ◌ֲ ◌ִ ◌ִי ◌וֹ
◌ֹ ◌ֶ ◌ֱ ◌ֵ ◌ֵי

NEW LETTER

שׂ

1 שָׂ שִׂ שֵׂי שׂוֹ שֶׂ שֵׂ

2 שֵׂ שֵׂ שִׂ שִׂי שׂוֹ שׂוֹ

3 מַשָׂ שָׂשׂוֹ שֶׂבַ שָׂפָ יִשָׂ עֶשְׂ

יִשְׂרָאֵל

SIN

Be Alert!

The letters שׂ and שׁ make different sounds.
What sound does שׂ make? What sound does שׁ make?
How do they look different?

1 שֶׂה שִׂים שַׂר שָׂם שַׂק שִׂיא

2 שָׂרָה שָׂנֵא שָׂמַח עֶשֶׂר עֶשֶׂה מַשָׂא

3 שָׂרָה שָׂרָה שָׂמָה שָׂמָה שַׂעַר שָׂשׂוֹן

4 שֵׂעָר שָׂכָר שָׂפָה יִשָׂא בָּשָׂר שֵׂכֶל

5 שָׂדֶה פָּשַׁט שֶׁבַע עֶשֶׂר עָשָׂה תַּיִשׁ

6 שִׂמְחַת תּוֹרָה שְׁמוֹנֶה עֶשְׂרֵה עֲשֶׂרֶת הַדִבְּרוֹת

7 שְׁמַע יִשְׂרָאֵל שִׂים שָׁלוֹם עוֹשֶׂה שָׁלוֹם

8 עַם יִשְׂרָאֵל בְּנֵי יִשְׂרָאֵל אֶרֶץ יִשְׂרָאֵל

Heritage Words

Can you find these Hebrew words above? Read and circle them.

Ten Commandments עֲשֶׂרֶת הַדִבְּרוֹת   Israel יִשְׂרָאֵל

Rejoicing of the Torah שִׂמְחַת תּוֹרָה

Word Riddle

I am a holiday we celebrate each year when we finish reading the entire תּוֹרָה.
We then begin reading the תּוֹרָה from the very first word all over again.

My name begins with a שׂ. What holiday am I?

Picture It in Hebrew

Clowns bring שִׂמְחָה to the people they entertain. A family celebration such as a wedding or a baby naming is also called a שִׂמְחָה. When you bring שִׂמְחָה to someone's life, you bring שִׂמְחָה to yourself as well.

Describe something you did recently to bring שִׂמְחָה to someone's life.

_____

_____

שִׂמְחָה

Happiness

Touring יִשְׂרָאֵל

Below are the names of eight places in יִשְׂרָאֵל.

Read the Hebrew name of each place aloud.

Then look at the map of יִשְׂרָאֵל.

These eight places are labeled on the map with their English names. Write the matching number next to each English name.

1 צְפָת

2 תֵּל-אָבִיב

3 אֵילַת

4 הֶרְצְלִיָה

5 מְצָדָה

6 חֵיפָה

7 יְרוּשָׁלַיִם

8 בְּאֵר שֶׁבַע

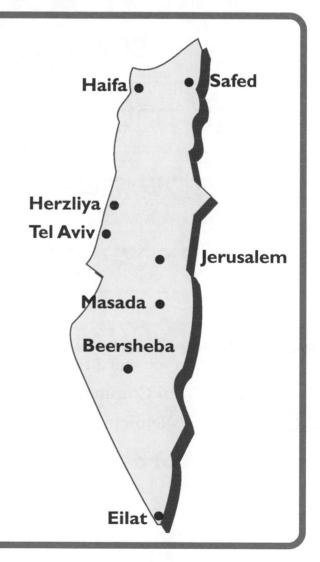

Haifa
Safed
Herzliya
Tel Aviv
Jerusalem
Masada
Beersheba
Eilat

76

21

חַג שָׂמֵחַ

HAPPY HOLIDAY

LETTERS YOU KNOW

בּ ת תּ שׁ מ ל כּ ה ר כ ב
ד א ו ק צ ע נ ן ח י ם
ט פּ ס פ ץ שׂ

VOWELS YOU KNOW

ַ ָ ְ ֲ ִ ִי וֹ
ֹ ֶ ֱ ֵ ֵי

NEW LETTER

ג

חַג שָׂמֵחַ

GIMMEL

1 גַ גוֹ גִי גֶ גַ גֵי

2 גַג גַלוֹ גַבֵּי גַנֵי גִיס גִיר

3 גֶד גִבּוֹ גָאַ הָג גִטִי גוֹלךָ

חַג שָׂמֵחַ

1 כֹּחַ מֹחַ רֵיחַ נֹחַ שִׂיחַ אֹחַ

2 יָרֵחַ בַּכֹּחַ הַמֹּחַ לְנֹחַ כְּשִׂיחַ טִיחַ

3 רֵחַ מִיחַ שִׂיחַ גִּיחַ רֹחַ נוֹחַ

Making Faces

In each circle below draw a face (eyes, eyebrows, nose, mouth, ears, hair) to reflect the emotion indicated by the Hebrew and English words.

בַּיְשָׁן	עַקְשָׁן	פַּחְדָן	נִרְגָּשׁ	כּוֹעֵס	שָׂמֵחַ
bashful	stubborn	fearful	excited	angry	happy

Be Alert!

When חַ comes at the end of a word, the vowel is read first and then the letter. It sounds like אַח. (שָׂמֵחַ = שָׂמֵאַח)

Now Read & Read Again

1 שָׂמֵחַ יָרֵחַ אוֹרֵחַ נָשִׂיחַ מֵנִיחַ בַּכֹּחַ

2 מָשִׁיחַ פּוֹקֵחַ סוֹלֵחַ פּוֹתֵחַ פָּתַח לִפְתֹּחַ

3 לְשַׁבֵּחַ מְנַצֵּחַ שׁוֹלֵחַ מָנוֹחַ שָׁלִיחַ מַפְתֵּחַ

4 מַצְמִיחַ מִשְׁלוֹחַ הִצְלִיחַ לוֹקֵחַ לְשַׂמֵּחַ פּוֹרֵחַ

5 מַשְׂגִּיחַ הַשְׁגָּחָה אָשִׂיחַ שִׂיחָה מְשַׂמֵּחַ שָׂמַח

6 הִבְטִיחַ בָּטַח טוֹרֵחַ טָרַח פִּקֵּחַ נִפְקַח

7 בּוֹרֵחַ לִבְרֹחַ בָּרַח לִסְלֹחַ סָלַח סְלִיחָה

8 מָשִׁיחַ חַג שָׂמֵחַ פֶּסַח הַגָּדָה מְגִלָּה

Heritage Words

Can you find these Hebrew words above? Read and circle them.

Messiah מָשִׁיחַ **happy holiday** חַג שָׂמֵחַ

Challenge

How many times did you read the word for *Messiah*? ___________

NEW LETTER ג

Picture It in Hebrew

This tired גָּמָל is resting by the side of a road. A גָּמָל can travel great distances across hot, dry deserts with little food or water. The גָּמָל walks easily on soft sand where trucks would get stuck, and carries people and heavy loads to places that have no roads. A גָּמָל carries its own built-in food supply on its back—its hump! If the גָּמָל doesn't eat for a long time, its hump becomes small.

Q: What does a גָּמָל wear when it wants to hide?
A: Camel-flage!

I Have a Little Dreidel

Add the ending sound חַ to complete each word on the dreidels. Read the words to a classmate.

לְהַנִי__
מַטְבֵּ__
מְשַׁמֵּ__
סוֹלֵ__
הַמְנַבֵּ__
שׁוֹלֵ__
לְשַׁבֵּ__

22

קִדּוּשׁ

KIDDUSH

LETTERS YOU KNOW

בּ ת תּ שׁ מ ל כּ ה ר כ ב

ד א ו ק צ ע נ ן ח י ם

ט פּ ס פ ץ שׂ ג

VOWELS YOU KNOW

◌ַ ◌ָ ◌ְ ◌ֲ ◌ִ ◌ִי וֹ

◌ֹ ◌ֶ ◌ֱ ◌ֵ ◌ֵי

NEW VOWELS

וּ ◌ֻ

1 סוּ שׁוּ טוּ נוּ מוּ צוּ

2 בֻּ גֻ שֻׁ רֻ קֻ תֻּ

3 הוּא לָנוּ אָנוּ בָּנוּ צוּד כֻּלּוֹ

קִדּוּשׁ

וּ ◌ֻ

Now Read & Read Again

1 חֻמָשׁ לוּחַ כֻּלָם וְהָיוּ סֻכָּה טֹבוּ

2 עָלֵינוּ לִבֵּנוּ סֻכּוֹת שָׁבוּעַ חֲנֻכָּה קִבּוּץ

3 קִדּוּשׁ שֻׁלְחָן מְשֻׁבָּח סִדּוּר מְצֻיָּן כֻּלָנוּ

4 הַלְלוּיָה גְּדֻלָּה פָּסוּק יְשׁוּעָה נְטוּיָה אֲנַחְנוּ

5 וּבְנֻחֹה לוּלָב וְיָפֻצוּ וַיְכֻלוּ וְיָנֻסוּ דַיֵנוּ

6 תְּמוּנָה וְצִוָנוּ אֵלִיָהוּ הַנָבִיא בָּרְכוּ קֻשְׁיוֹת

7 קְדֻשָׁה יְהוּדִים פּוּרִים יוֹם כִּפּוּר שָׁבוּעוֹת

8 יְרוּשָׁלַיִם אֱלֹהֵינוּ שֶׁהֶחֱיָנוּ אָבִינוּ מַלְכֵּנוּ

Heritage Words

Can you find these Hebrew words above? Read and circle them.

The Five Books of Moses	חֻמָשׁ	Kiddush	קִדּוּשׁ
Jerusalem	יְרוּשָׁלַיִם	prayerbook	סִדּוּר
Elijah the prophet	אֵלִיָהוּ הַנָבִיא	Jews	יְהוּדִים

Challenge

Can you find the Hebrew word for *prayerbook* in the lines above?

Underline the word.

Search and Circle

Read aloud the Hebrew sounds on each line.

Circle the Hebrew that sounds the same as the English in the box.

שֵׁי	שֶׁ	שִׁי	שׁוֹ	שׁוּ	שְׁ	SHOO	1
פֵי	פְ	פִ	פוֹ	פָ	פוּ	FOH	2
עוּ	עֲ	עֶ	עִ	עֶ	עֹ	AH	3
שִׂי	שַׂ	שֶׂ	שׂוֹ	שֶׂ	שָׂ	SEE	4
יֶ	יֵי	יִי	יָ	יֹ	יוּ	YOH	5
פֵּי	פּוֹ	פֶּ	פַּ	פְּ	פֶּ	PEH	6
צֹ	צִ	צָ	צוּ	צְ	צֵי	TSOO	7
סֵ	סְ	סִי	סֶ	סוֹ	סַ	SOO	8
אֹ	אֱ	אֶ	אָ	אוּ	אִי	EH	9
טֹ	טִ	טֵי	טֶ	טַ	טוֹ	TAY	10

Power Reading

Practice reading these prayer phrases from the קִדּוּשׁ.

Put a check next to the phrases that you read correctly.

1 ____ אֲשֶׁר קִדְּשָׁנוּ בְּמִצְווֹתָיו וְרָצָה בָנוּ

2 ____ וְשַׁבַּת...בְּאַהֲבָה וּבְרָצוֹן הִנְחִילָנוּ

3 ____ כִּי הוּא יוֹם תְּחִלָּה לְמִקְרָאֵי קֹדֶשׁ

4 ____ כִּי בָנוּ בָחַרְתָּ וְאוֹתָנוּ קִדַּשְׁתָּ

5 ____ בְּאַהֲבָה וּבְרָצוֹן הִנְחַלְתָּנוּ

6 ____ מְקַדֵּשׁ הַשַּׁבָּת

Picture It in Hebrew

NEW VOWEL וּ

How would you like to eat a קַקְטוּס? A קַקְטוּס plant is covered with prickly spines, but if you pick carefully, you can use some kinds of קַקְטוּס for food. Jams and sweets are made from their fruits and juicy stems. Sometimes a קַקְטוּס, like the one you see in this photograph, looks like a pipe or a tree. A person born in Israel is sometimes called a *Sabra,* which is a kind of prickly-pear קַקְטוּס that grows in Israel. Like the *Sabra,* some Israelis can be prickly on the outside but sweet on the inside.

קַקְטוּס

Cactus

Holiday Quiz

Draw a line from each holiday in the right-hand column to its matching explanation in the left-hand column.

1 We read the מְגִלָּה.	יוֹם כִּפּוּר
2 We shake the lulav and eat in a small booth.	פּוּרִים
3 We celebrate the Giving of the Torah.	סֻכּוֹת
4 We light the *ḥanukkiah*.	שָׁבוּעוֹת
5 We do not eat all day.	חֲנֻכָּה

23

מְזוּזָה

mezuzah

LETTERS YOU KNOW

בּ ת תּ שׁ מ ל כּ ה ר כ ב
ד א ו ק צ ע נ ן ח י ם
ט פּ פ ס ץ שׂ ג

VOWELS YOU KNOW

◌ַ ◌ָ ◌ְ ◌ֲ ◌ִ ◌ִ י וֹ
◌ֶ ◌ֱ ◌ֵ ◌ֵי וּ ◌ֻ

NEW LETTER

ז

1 זֻ זוּ זוֹ זְ זִ זֵי

2 זֶ שֶׁ זַ סַ זִ צִ

3 חַז זָוִי זַרְ יִזְ זֶן זוֹר

מְזוּזָה
ZAYIN

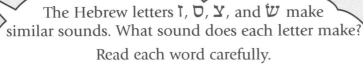

Be Alert!

The Hebrew letters ז, ס, צ, and שׂ make similar sounds. What sound does each letter make?

Read each word carefully.

זְמַן חֶסֶד מִצְוָה שִׂמְחָה

Now Read & Read Again

1 זֶה אָז עֹז פָּז בּוּז זָר

2 זָכֹר זְמַן אֹזֶן חָזָק חַזָן אָחַז

3 הַזָן זֶבַח זֹאת מַזָל זָקֵן זָהָב

4 יִזְכֹּר מָעוֹז זֵכֶר אֵיזֶה עֱזֵנוּ וְזַרְעוֹ

5 זִכָּרוֹן מִזְבֵּחַ מַחֲזוֹר מִזְמוֹר נֶעֱזָב זָוִית

6 זְכוּת מִזְרָח זְרוֹעַ מָזוֹן זַרְעָם עִזִּים

7 זַיִת הֶחֱזִיר זָקוּק הִזְנִיחַ חֲזַק וֶאֱמָץ

8 מְזוּזָה יוֹם הַזִּכָּרוֹן מַחֲזוֹר מַזָל טוֹב

Heritage Words

Can you find these Hebrew words above? Read and circle them.

congratulations מַזָל טוֹב *mezuzah* מְזוּזָה

maḥzor מַחֲזוֹר

Challenge

How many times did you read the word for *maḥzor*? ___________

Prayer Building Blocks

Practice reading these siddur phrases.

Put a check next to the phrases that you read correctly.

1 ______ הַזָּן אֶת הַכֹּל

2 ______ זִכָּרוֹן לְמַעֲשֵׂה בְרֵאשִׁית

3 ______ זֵכֶר לִיצִיאַת מִצְרָיִם

4 ______ עֵץ חַיִּים הִיא לַמַּחֲזִיקִים בָּהּ

5 ______ וְלוֹ הָעֹז וְהַמִּשְׂרָה

6 ______ אָז אֶגְמוֹר בְּשִׁיר מִזְמוֹר

7 ______ וּכְתַבְתָּם עַל מְזֻזוֹת

8 ______ עוֹזֵר וּמוֹשִׁיעַ וּמָגֵן

9 ______ בַּיָּמִים הָהֵם בַּזְּמַן הַזֶּה

10 ______ שֶׁהֶחֱיָנוּ וְקִיְּמָנוּ וְהִגִּיעָנוּ לַזְּמַן הַזֶּה

Search and Circle

Read aloud the Hebrew words on each line.

Circle the letter in each word that sounds like the English in the box.

1	S	פּוֹרֵשׁ	יִשְׂרָאֵל	שֵׂכֶל	שִׂמְחָה
2	Z	יִזְכֹּר	מַזָּל	זוֹרֵחַ	גְּזֵרָה
3	ACH	מָשִׁיחַ	הִצְלִיחַ	לַמְנַצֵּחַ	מִזְבֵּחַ
4	G	גְּמָרָא	הַגָּדָה	מְגִלָּה	גֶּשֶׁם
5	TS	אֶרֶץ	חָמֵץ	וֶאֱמָץ	קִבּוּץ
6	V	זִיו	זִווּג	וְזֹאת	וְזַרְעוֹ

Picture It in Hebrew

NEW LETTER ז

Looking at this photograph you can see one reason why Jerusalem is often called "Jerusalem of זָהָב." In the center you see the Dome of the Rock mosque, which was built during the seventh century. It has a large, gleaming dome of זָהָב. Bright sun shines on the stone buildings around it, making them glow זָהָב too.

זָהָב
Gold

Hebrew Math

Hebrew letters stand for numbers.

5 = ה	4 = ד	3 = ג	2 = בּ	1 = א
10 = י	9 = ט	8 = ח	7 = ז	6 = ו

Can you solve these math problems?

Have a classmate check your work.

1. א + בּ = ____
2. ז − ג = ____
3. ה + ה = ____
4. י + ח = ____
5. ו + ד = ____
6. ט − ז = ____
7. ח − ו = ____
8. ג + י = ____
9. י − ד = ____
10. ז + ז = ____
11. ט + א = ____
12. ה + ג = ____

24

בָּרוּךְ

PRAISED, BLESSED

LETTERS YOU KNOW

בּ ת תּ שׁ מ ל כּ ה ר כ ב

ד א ו ק צ ע נ ן ח י ם

ט פּ ס פ ץ שׂ ג ז

VOWELS YOU KNOW

ַ ָ ְ ֲ ִ ִי וֹ

ֹ ֶ ֱ ֵ ֵי וּ ֻ

NEW LETTER

ךְ

1 רַךְ כַּךְ בָּךְ לֵךְ לְךָ וּלְךָ

2 אַךְ בְּךָ שֶׁלְךָ בְּכָךְ שׂמְךָ תֶיךָ

בָּרוּךְ
FINAL CHAF

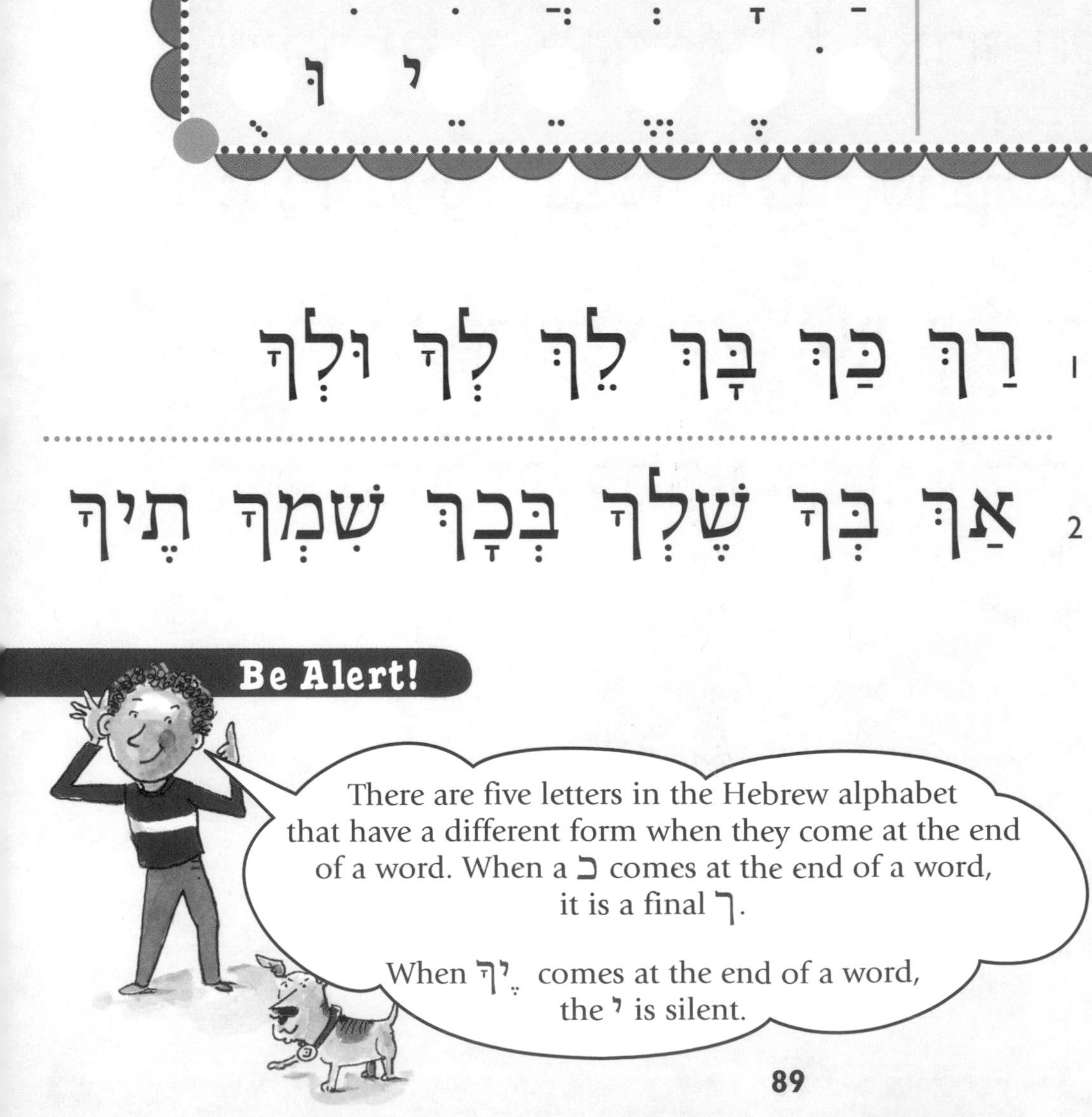

Be Alert!
There are five letters in the Hebrew alphabet that have a different form when they come at the end of a word. When a כ comes at the end of a word, it is a final ך.
When ֶיךָ comes at the end of a word, the י is silent.

Now Read & Read Again

1 בָּרוּךְ אִמֶּךָ שְׁמֵךְ עַמְּךָ דֶּרֶךְ עָלֶיךָ

2 מֶלֶךְ לִבֶּךָ רֵעֲךָ פֶּרֶךְ אֶרֶךְ לִבֵּךְ

3 כָּמוֹךָ צָרִיךְ הוֹלֵךְ אֵלֶיךָ אָבִיךָ עֻזֶּךָ

4 בָּרוּךְ בָּנֶיךָ עִמְּךָ בֵּיתֶךָ אוֹתְךָ כֻּלְּךָ

5 מְבֹרָךְ יִמְלֹךְ לְבָבְךָ יָדֶיךָ מְאֹדֶךָ חֻקֶּיךָ

6 לְפָנֶיךָ עֵינֶיךָ נַפְשְׁךָ מְצַוְּךָ סוֹמֵךְ מַלְאָךְ

7 מִצְווֹתֶיךָ קֻדָשָׁתְךָ בִּשְׁלוֹמֶךָ אֱלֹהַיִךְ וַיְבָרֵךְ

8 תַּנַּךְ בָּרוּךְ וּבְלֶכְתְּךָ וּבְקוּמֶךָ וּבִשְׁעָרֶיךָ

Picture It in Hebrew

NEW LETTER ךְ

Looking at this דֶּרֶךְ you can see that there is a choice you can make about which way to go. In Hebrew, דֶּרֶךְ means road, but it also means "way"—the way you choose to live. The words דֶּרֶךְ אֶרֶץ tell us about a way to live. Following דֶּרֶךְ אֶרֶץ, literally, "the way of the land," means having good manners and showing respect for others—*and* for nature.

Q: Why did the rooster cross the דֶּרֶךְ?
A: To prove he wasn't chicken!

דֶּרֶךְ

Road

בָּרוּךְ אַתָּה, יְיָ אֱלֹהֵינוּ, מֶלֶךְ הָעוֹלָם...

Praised are You, Adonai our God, Ruler of the world...

Put a check next to the בְּרָכוֹת that you read correctly.

Which בְּרָכוֹת do you know?

who brings forth bread from the earth.	הַמּוֹצִיא לֶחֶם מִן הָאָרֶץ. ___ 1
who creates the fruit of the vine.	בּוֹרֵא פְּרִי הַגָּפֶן. ___ 2
who creates the fruit of the earth.	בּוֹרֵא פְּרִי הָאֲדָמָה. ___ 3
who creates the fruit of the tree.	בּוֹרֵא פְּרִי הָעֵץ. ___ 4
who creates many kinds of food.	בּוֹרֵא מִינֵי מְזוֹנוֹת. ___ 5
by whose word all things come into being.	שֶׁהַכֹּל נִהְיָה בִּדְבָרוֹ. ___ 6
for keeping us in life, for sustaining us, and for helping us to reach this day.	שֶׁהֶחֱיָנוּ וְקִיְּמָנוּ וְהִגִּיעָנוּ לַזְּמַן הַזֶּה. ___ 7

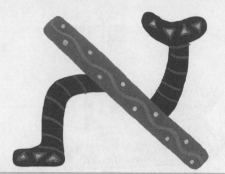

אָלֶף
alef

LETTERS YOU KNOW

בּ ת תּ שׁ מ ל כּ ה ר כ ב
ד א ו ק צ ע נ ן ח י ם
ט פּ ס פ ץ שׂ ג ז ך

VOWELS YOU KNOW

NEW LETTER

ף

1 אַף דַף עוֹף קוֹף גוּף סוּף

2 כַּף תּוֹף עָף סוֹף תַּף כֵּף

3 יֵף נָף טֶף סָף רַף צוּף

אָלֶף
FINAL
FAY
ף

Be Alert!

There are five letters in the Hebrew alphabet that have a different form when they come at the end of a word. When a פ comes at the end of a word, it is a final ף. What is the name of the letter? What sound does it make? How are the two letters different?

Now Read & Read Again

1 נוֹף הֲדַף חַף עָיֵף סַף חוֹף

2 חֹרֶף תֵּיכֶף עֹרֶף עָנָף כֶּסֶף שָׂרַף

3 שֶׁטֶף יוֹסֵף אָלֶף חָלַף כָּתֵף כָּפַף

4 מוּסָף צָפוּף קְלַף זוֹקֵף קוֹטֵף לָעוּף

5 אָסַף נִשְׂרַף שִׁטוּף רָצוּף כָּנָף יָחֵף

6 עַפְעַף מְרַחֵף רוֹדֵף שָׁלוֹם זוֹקֵף כְּפוּפִים

7 מְצַפְצֵף לְהִתְאַסֵף לֶאֱסֹף הֶחֱלִיף לְשַׁפְשֵׁף

8 אָלֶף בֵּית וְצִוָּנוּ לְהִתְעַטֵף בַּצִיצִית

Heritage Words

Can you find these Hebrew words above? Read and circle them.

alef bet אָלֶף בֵּית *alef* אָלֶף

Challenge

Can you find the Hebrew name for *Joseph* in the lines above?

Write the line number. ____________

Do you know the story of Joseph, the son of יַעֲקֹב and רָחֵל?

Can you find the Hebrew word for *peace*? Underline the word.

Plant Your Roots

Hebrew words are built on roots.

The word בָּרוּךְ is built on the root ברכ, which means "bless" or "praise."

1. Write one letter—כ ,ר ,ב—on each of the three roots of the tree, from right to left.

2. Circle the three root letters in each Hebrew word growing on the tree.

Remember!
- The letters ב and בּ are members of the same letter family.
- The letters ךְ ,כ ,כּ are members of the same letter family.

Think About It!

What does the root ברכ mean? _____

What would you praise God for in *your* life? _____

Challenge

Can you find the Hebrew word for *blessing* in the tree?

Underline the word.

אַף

Nose

Your אַף is very useful. Like the girl in this photograph, you can use your אַף to smell good things, like flowers or yummy food. Your אַף cleans the air you breathe in, before sending it to your lungs. Hold your אַף closed while you try to speak, and you'll discover another job your אַף does! It affects your tone of voice and the way the letters sound.

Try this tongue twister while holding your אַף:
Any noise annoys but a noisy noise annoys more.

Race Cars

Help the cars complete the race by writing the number of each letter name in the matching car.

1. Alef	**7.** Vav	**13.** Chaf	**19.** Final Nun	**24.** Final Fay	**30.** Sin
2. Bet	**8.** Zayin	**14.** Final Chaf	**20.** Samech	**25.** Tsadee	**31.** Tav
3. Vet	**9.** Ḥet	**15.** Lamed	**21.** Ayin	**26.** Final Tsadee	**32.** Tav
4. Gimmel	**10.** Tet	**16.** Mem	**22.** Pay	**27.** Koof	
5. Dalet	**11.** Yud	**17.** Final Mem	**23.** Fay	**28.** Resh	
6. Hay	**12.** Kaf	**18.** Nun		**29.** Shin	

95

אָלֶף בֵּית

ד	ג	ב	בּ	א
ט	ח	ז	ו	ה
ל	ך	כ	כּ	י
ס	ן	נ	ם	מ
צ	ף	פ	פּ	ע
שׂ	שׁ	ר	ק	ץ
			ת	תּ